7
LK 2145.

Extrait des *TABLETTES HISTORIQUES DE L'AUVERGNE*.

NOTICE HISTORIQUE

SUR

COGNAT,

ARRONDISSEMENT DE GANNAT,

PAR

Me J.-B. PEIGUE,

Avocat,
Correspondant du ministère de l'instruction publique pour les travaux historiques,
Membre correspondant de l'Académie de Clermont-Ferrand.

Le bourg de Cognat est situé sur un plateau traversé par la route royale de Gannat à Vichy. L'église, qui avait un clocher pyramidal, dont la flèche a été rasée en 1793, et le presbytère, sont construits à la naissance de ce plateau, d'où l'œil embrasse un des plus magnifiques panoramas du pays. La patronne de ce bourg est sainte Radegonde, épouse du roi Clotaire Ier, morte religieuse, en 587, à l'abbaye de Sainte-Croix de Poitiers.

Pour découvrir l'origine de ce bourg, les documents manquent. Il ne nous est pas possible de remonter d'une manière authentique au-delà du quatorzième siècle.

En 1050, on trouve Robert de Lionne, damoiseau, propriétaire de *l'hôtel* de Lionne assis à *Conhac* (Cognat),

1847

de vignes et de garennes contiguës (1). Le bourg de Cognat dépendait alors de la châtellenie ducale de Gannat, dépendant elle-même du duché de Bourbon. Il paraîtrait que *l'hôtel* de Lionne *tomba de lance en quenouille*, puisqu'en 1371 Jean Viderne, damoiseau, possédait pour Aliénore de Lionne, sa femme, fille de Robert de Lionne, *l'hospice*, la terre et seigneurie de Lionne, dépendant alors des paroisses de Gannat et de Saint-Priest- d'Andelot (2).

Les dénominations *d'hôtel* et *d'hospice* données au manoir de Lionne, comme celle *d'abbergement*, *chesal*, *chesau*, *bordelage*, *habergement*, *herbergement*, *maison*, *mesnil*, *manoir*, *mas*, *max*, *mex*, *métairie*, *repaire* et *tènement*, sont à peu près synonimes, car on trouve dans les titres des treizième et quatorzième siècles : *chesal*, ou *métairie*; *hospice*, ou *chesal*; *maison*, ou *manoir*; *manoir* ou *tènement*; *mas* ou *métairie*; *max*, ou *village*; *pourpris*, ou *hospice* (*porprisium seu hospicium*) et *tènement*, ou *bordelage*. Tels étaient les noms génériques des propriétés rurales.

Ainsi, *l'hôtel* et *l'hospice* de Lionne ne sont que le manoir appelé depuis long-temps le château de Lionne, s'élevant dans un parc d'une étendue d'environ quarante hectares et clos de murs, sans parler des riches domaines qui en dépendent.

Après ces documents viennent ceux que la Coutume d'Auvergne, commentée par le savant conseiller d'état Chabrol, nous révèle, et qui font connaître les coutumes locales de Cognat et de Lionne-le-Grand.

(1) *Archives du royaume*, registre 457 *bis*, page 110.
(2) *Archives du royaume*, registre 458, pages 13 et 316.

Première Coutume.

« Les habitants peuvent faire plainte de la prise du
» bail dans la première assise (audience), qui se tient
» communément de quinze jours en quinze jours, et
» d'icelle prise sont crus par leur serment. »

Seconde Coutume.

« Et quant ès habitans de Cognat, la femme qui sur-
» vit à son mari, gagne et augmente sa dot d'un tiers
» et recouvre ses lit, robes et joyaux, en l'état qu'ils
» sont, et ce quant la dot est en deniers, grains, ou
» meubles; mais quant elle est en héritage ne gagne
» rien.
» La *Coutume* parle de la justice de Lionne-le-Grand
» en deux endroits: dans le premier, elle lui suppose la
» même coutume qu'à Saint-Pont, et dans le second,
» qui se trouve presque à la fin des coutumes locales, on
» dit qu'il *y a la même coutume qu'à Cognat*. Ces cou-
» tumes ne se contrarient pas; elles ont des objets diffé-
» rents, et qui permettent de les laisser subsister l'une
» avec l'autre. Lionne-le-Grand n'est pas entièrement en
» Auvergne, mais la partie qui s'y trouve située s'ap-
» pelle *la Franche*.
» Saint-Pont, Brout, Le Mayet-d'École, Espinasse,
» Cognat, Lionne-le-Grand, les habitants ès dits lieux
» peuvent faire plainte de la prinse du bétail qui se
» tient communément de quinze en quinze jours, et
» d'icelle prinse sont tenus par leur serment. »

Non loin du bourg de Cognat, est situé le château
de Reignat, qui en dépend et qui était une prévôté res-

sortissant entièrement dn baillage de Riom. La justice de cette prévôté s'étendait sur la paroisse d'Epinasse, où étaient deux seigneurs : celui d'Epinasse, ressortissant de la prévôté de Cusset, et celui de Cognat, qui relevait du baillage de Montpensier.

En 1505, la terre et seigneurie d'Epinasse appartenait à Annet de Montmorin, écuyer, seigneur de Nades, près d'Ebreuil.

En 1540, François de Montmorin, et Gilbert de Jarrie, écuyer, seigneur de Cognat, son gendre, en firent la déclaration au roi. Françoise de Montmorin, fille d'Antoine, seigneur d'Aubière, porta la terre d'Epinasse et la terre de Nades à Jean Motier de la Fayette, chevalier, seigneur de Hautefeuille, par leur mariage du 11 février 1543. Par l'effet de ce mariage, la justice du bourg de Cognat passa à la maison de La Fayette. La partie de ce bourg, ressortissant de la prévôté de Reignat, relevait de la sénéchaussée d'Auvergne, à Riom.

Ce bourg n'a qu'un souvenir historique saillant : c'est la bataille qui s'y livra, le 6 janvier 1568, entre les catholoques et les protestants.

Avant de décrire sommairement les circonstances de cette bataille, il faut dire que le château de Lionne, qui existait alors, n'était point l'*Hôtel* ou l'*Hospice* dont il a déjà été parlé, et qui appartient, depuis 150 ans environ, à la maison de Réclesne chevaleresque, originaire de la Bourgogne, où il existe une commune portant le nom de *Réclesne*.

Le château de Lionne, qui était très-fortifié, s'élevait au milieu d'une plaine fertile, et sur l'emplacement même où le père de M. César Larzat, maire de la commune de Cognat, a fait construire, en 1825, un domaine appelé les *Regards*, avec les débris d'une tour qui faisait partie de l'ancien château. Les anciens titres indiquent le lieu des *Regards* sous la dénomination de seigneurie des Regards, qui, du reste, fait partie du hameau de Lionne. M. Pierre-Jules Denoid, juge d'instruction à Gannat, et membre du conseil général du département de l'Allier, est maintenant propriétaire de ce domaine. La tradition du pays indique le champ de bataille au lieu des *Viallards*, point intermédiaire séparant le domaine des *Regards* du hameau des Cluzeaux, dépendant de la commune de Biozat. D'un autre côté, la carte de Cassini figure le lieu des Viallards avec deux sabres croisés, qui sont évidemment le signe distinctif d'un champ de bataille.

Cette distinction étant faite, il faut parler des événements relatifs à cette bataille :

Louis Ier, de Bourbon, prince de Condé, avait paru être le moteur secret de la conspiration d'Amboise, et fut par ce motif incarcéré. — Charles IX lui rendit la liberté ; il n'en profita que pour se mettre de nouveau à la tête des protestants. Il expédia l'ordre à divers capitaines d'effectuer des levées de troupes dans toutes les provinces. Ce recrutement appela sous leurs étendards, dans le Languedoc et des provinces voisines, environ sept mille hommes. A la tête de ce corps étaient Bernard-Royer de Comminges, vicomte de Bruniquel; Bertrand de Rabastans, vicomte de Poulin; le vicomte de Montclar, et le vicomte de Caumont. Ce corps fit sa jonction, en Quercy, avec le corps commandé par Dacier.

Le seigneur de Poncenat, gentilhomme du Bourbonnais, et Verbelai, obéissant aux ordres du prince de Condé, s'empressèrent de lever aussi en Bourbonnais et en Auvergne toutes les troupes qu'il leur fut possible de réunir. Après beaucoup d'efforts, ils parvinrent à enrôler dans leur parti trois mille hommes de pied et huit cents chevaux. Cette troupe devait aller renforcer l'armée du prince de Condé qui assiégeait la ville de Chartres. Poncenat et Verbelai, pensant sans doute qu'il serait téméraire de traverser des régions périlleuses pour pouvoir s'y rendre, se décidèrent à aller à la rencontre de l'armée du Languedoc. Au mois d'octobre 1567, ils commencèrent à suivre cette direction par le Forez, et se réunirent à la Pacaudière.

Le seigneur de Mantarey était alors gouverneur du Bourbonnais, en l'absence de Jacques de Savoie, duc de Nemours. Il conçut le hardi projet de surprendre ce corps de protestants et de l'attaquer. Pour y parvenir, il détermina le marquis de la Chambre, Terride, la Valette et autres gentilshommes commandant et conduisant en Guyenne huit mille hommes de pied et quinze cents chevaux, de changer de direction, afin de pouvoir anéantir la troupe des protestants. Les troupes catholiques, dont la force numérique était supérieure, atteignirent Poncenat près d'un village appelé Champoli, au bas de Cervières, attaquèrent sa troupe avec impétuosité, enlevèrent ses drapeaux et tuèrent trois cents hommes parmi lesquels était le capitaine Vellenace. Après ce combat, Poncenat et Verbelais rallièrent les débris de leur faible armée, et les dirigèrent vers l'armée des confédérés du Languedoc, qui avait déjà éprouvé divers échecs, et qui était réduite à quatre mille hommes. Elle traversa le Forez pour venir à Gannat, et s'en emparer, car alors cette ville était très-fortifiée, et était occupée par une vaillante garnison, secondée par toute une population catholique.

Poncenat, connaissant toutes les voies de communication du Bourbonnais, dirigea la marche de l'armée des protestants. Il se rendit d'abord à son château de Poncenat, peu éloigné des limites du Forez. Il en partit ensuite avec une avant-garde de cinquante chevaux, et vint s'emparer du pont de Vichy. Toutes les troupes qui devaient le joindre y arrivèrent le 2 janvier 1568, y passèrent un jour, afin de se délasser des fatigues de la marche, et franchirent ce pont, sans obstacle, le surlendemain. Le 6 janvier 1568, jour de la fête des Rois, ils traversèrent la forêt de Randan, pour se rendre à Gannat. Ce n'était pas suivre le chemin le plus court, puisqu'ils pouvaient y arriver directement de Vichy en bien moins de temps. Dès qu'ils furent arrivés sur les hauteurs où sont situés actuellement l'église et le presbytère de Cognat, ils aperçurent dans la plaine de Lionne, qui se termine au plateau de ce bourg, diverses compagnies de cavalerie arrivées là pour leur barrer le passage. Ces compagnies étaient commandées par de Saint-Hérem, grand-prieur de l'ordre de Saint-Jean-de-Jérusalem et gouverneur d'Auvergne; de Saint-Chaumont, le baron de Lastre, Gordes, d'Urfé, Bressieux, et Jean Motier de la Fayette, seigneur de Hautefeuille et de Cognat, dont il a déjà été parlé. Entre autres seigneurs, on distinguait l'évêque du Puy, coiffé d'un casque, couvert d'une cuirasse et l'espadon au poing.

Des ennemis animés de sentiments religieux différents se trouvèrent donc en présence. Les protestants, ne voulant pas reculer, se rangèrent en bataille. Claude de Lévis, seigneur d'Audon et le capitaine de la Boissière, étaient à la tête de l'avant-garde formée des régiments de Foix et de Rapin, de huit enseignes du régiment de Montclar et de onze enseignes du régiment de Mouvans. La cavalerie, composée des gens d'armes du vicomte de Bruniquel, de Savignat et de Montamort, se porta à l'aile gauche, et était inférieur en nombre celle des catholiques. Les capitaines protestants excitèrent le courage de leurs troupes, en leur démontrant qu'il était plus avantageux de combattre le jour même que d'attendre au lendemain, parce que leurs ennemis pouvaient avoir le temps de grossir leurs rangs. Les capitaines protestants, pour obliger leurs soldats à combattre vaillamment, ou mourir avec gloire, firent couper le pont de Vichy, afin de leur ravir tout espoir de salut dans la fuite. Après quelques escarmouches de cavalerie, le baron de Poulin, suivi de son guidon, secondé par le vicomte de Poulin, son frère, et par Poncenat, attaqua la cavalerie catholique rangée en bataille le long du ruisseau de Chalons, et commandée par Bressieux. Au premier choc, celui-ci ayant été tué et sa troupe ayant été mise en déroute, la bataille s'engagea sur tous les points.

Quoique les protestants fussent mal armés, ils virent bientôt fléchir les catholiques devant l'impétuosité de leur courage et les forcèrent à fuir. Plus de cent catholiques restèrent sur le champ de bataille. Jean Motier de la Fayette, seigneur de Cognat, qui avait déjà assiégé et pris la Charité-sur-Loire et chassé les religionnaires de Nevers, fut au nombre des morts; son château d'Haute-Feuille, situé dans la seigneurie d'Epinasse, qu'il avait voulu défendre, fut pris, saccagé et brûlé par les protestants, qui spolièrent et brûlèrent aussi l'église de Cognat. Parmi les prisonniers tombés entre leurs mains, se trouvait un gentilhomme appelé La Forest de Bullon; il fut massacré, parce qu'on assurait qu'il s'était vanté de n'avoir jamais pris une *femme huguenote*, sans l'avoir violée. Si sa conduite avait été telle, il était bien coupable aux yeux de l'Eglise, pour le triomphe de laquelle il combattait. Les protestants perdirent pourtant plus d'officiers que les catholiques. Mais la perte la plus importante et la plus déplorable à leurs yeux fut le résultat d'une méprise. Le soir même de la bataille, les bagages des protestants étaient concentrés dans le village de Cognat; les soldats chargés de les garder aperçurent leurs compagnons d'armes qui s'en approchaient en poursuivant des fuyards; ils les prirent pour des ennemis, firent feu sur eux et en tuèrent plusieurs. Saduret, prévôt du Forêt, reçut une blessure dont il mourut peu de jours après. Poncenat y reçut le coup de la mort; son corps fut immédiatement transporté à son château de Changy pour y être *ensépulturé*. Peu de temps après d'Urfé et Saint-Chaumont s'acheminant vers leurs manoirs, escortés de soldats catholiques, envahirent le château de Changy, exhumèrent le cadavre de Poncenat et le percèrent de coups d'épées; ils voulaient même le *traîner et le prostituer à toutes dérisions, sans l'Ecluse, qui les chassa plus par force de bastonnade que de remontrances et repréhensions de leur inhumaine cruauté* (1).

Après cette victoire, un corps de protestants, sous les ordres du vicomte de Bruniquel et de Mouvans, alla saccager et brûler la commanderie du Mayet-d'Ecole, appartenant à l'ordre de Malte; il franchit ensuite la Sioule sur le pont en bois jeté à Jenzat, et après l'avoir brûlé il arriva à la commanderie de la Marche, sous Charroux, membre dépendant de celle du Mayet-d'Ecole, la pilla et la brûla aussi. De là, il alla assiéger la ville de Charroux, place fortifiée, s'en empara, malgré les efforts inouis de la garnison et des habitants, la livra au pillage et y exerça toutes sortes de cruautés. Il se dirigea enfin vers le Berry, selon les ordres qu'il reçut en route

---

(1) LA POPELINIÈRE, *Histoire de France*.

du prince de Condé, afin de pouvoir arriver à Orléans.

De leur côté, les catholiques, profitant des ténèbres de la nuit, se retirèrent vers Aigueperse, Riom, Clermont, Montferrand et vers diverses autres places de l'Auvergne. On refusa de leur en ouvrir les portes parce qu'avant d'entrer en campagne ils avaient promis de revenir vainqueurs, et qu'ils avaient recommandé aux habitants de ces diverses places de ne recevoir aucun de ceux qui échapperaient au combat. On crut même qu'ils étaient des protestants vaincus; ils furent dès lors obligés de parcourir les campagnes pour se procurer les éléments de vie dont ils manquaient, et y commirent une infinité de déprédations (1).

Il existe entre les mains de M. Desbouis, archiviste de la ville de Clermont, une ancienne gravure représentant la bataille de Cognat. Au bas on y lit les dénominations des diverses compagnies qui ont assisté à cette bataille, et y sont indiquées par lettres de renvoi de la manière suivante :

A.—Régiment de M. de Montclar, de 8 enseignes, et de M. de Mouvans, de 11 enseignes.

B.—Cavalerie de M. de Poncenat, et ledit Poncenat fut blessé et mourut.

C.—Cavalerie de M. de Bresieux, et ledit de Bresieux fut tué.

D.—Enfants perdus du régiment de M. de Mouvans.

E.—Cavalerie de M. de Hautefeuille (La Fayette), et ledit Hautefeuille mort sur la place.

(1) FR. DE BELLEFOREST, *Histoire générale de la France*, J.-ANT. DULAURE, *Descript. des lieux de France*, édit. de 1789; DE CHABROL, *Coutume d'Auvergne*, tome IV, pages 202, 241, 322, 552 et 811.

F.—Infanterie fuyant, tant des compagnies d'Auvergne, Forez que d'ailleurs.

G.—Cavalerie du vicomte de Borniquet.

H.—Régiment de Foix.

I.—Le village de Cognat.

K.—Le château de M. Hautefeuille, bruslé.

L.—Plusieurs soldats sautent une haie pour arquebuser.

M. Enfants perdus de M. de Montclar, conduits par le capitaine de la Besonière, qui gaignent la chapelle.

Nous regrettons de ne pas pouvoir reproduire cette ancienne gravure à la suite de cette notice.

Le même M. Desbouis, archiviste, a bien voulu nous communiquer une lettre datée de Riom, du 7 janvier 1568, lendemain de la bataille de Cognat, écrite à Messieurs les échevins de la ville de Clermont, par M. de Saint-Hérem, gouverneur d'Auvergne, à l'occasion de cette bataille.

Cette lettre existe aux archives de la ville de Clermont. Nous la reproduisons textuellement :

Messieurs les Escheuins je ne vous puys pour a ceste heure fere entandre aultre chose si nest que noz ennemys ont gaigne *Cheuin* et *Deguerolles* et sen vont en France tant qu'ils peuvent. Je croy que uous auez sceu comme toutes choses ont passe. Bien uous asseurerai je que pour ung que nous en auons perdu ilz en ont perdu six et tout le regret que jay de n^{re} coste cest de la perte de Monsr d'Hautefeuilhe lequel on ma asseure auoir este recogneu ce matin entre les mortz. Au surplus noz gens de guerre cryent tous les jours du monde pour fere monstre et auoir de largent. A quoy il se fault préparer sur peine quilz nous laisseront tretous. Et en cest endroit je menuois recommander a voz bonnes graces.

Priant Dieu Messieurs vous donner en bonne sancte longue et heureuse vie. De Riom ce vii° jauvier 1568.

Vre entierement bon voisin et amy
SAINCT-HEREM.

P. S. Je nay pu scauoir encore au vray quelz chefz ilz ont perdu de leur coste. Toutesfoys je scay bien quilz en ont perdu de quoy ilz regretent bien.

(Suscription.)

A Messieurs les Escheuins de Clermont.

P. S. Nous auons gaigne deux cornetes des leurs.

N. B. Les deux noms propres *soulignés* dans cette lettre ne sont pas des noms de hameaux du pays, ni ceux de villages. Peut-être sont-ce les noms de deux capitaines.

Les seigneuries d'Epinasse, de Cognat, de Lionne et de Reignat appartenaient encore, en 1676, à la maison de la Fayette, ainsi que le constate le document suivant, reproduit littéralement :

« Nous François de la Fayette, chevalier, siégneur,
» comte dudit lieu, Espinasse, Cougnat, Lionne, Re-
» gniat, Beauregard, Naddes, Chauvigny et aultres nos
» terres, sallut. Estant bien informé de la bonne vie et
» mœurs de maistre Charles Rougane, de sa religion
» catolique, apostolique, romaine et de l'expériance
» qu'il a au faict de pratique. A ces causes et aultres
» nous mouvant, luy avons donné, concédé; donnons et
» concédons par ces présentes, les estats et offices de
» chastelain de nos dites terres et chastellenies d'Espi-
» nasse, Cougniat, Lionne et prévosté de Régniat, pour
» en jouyer par ledit Rougane, dores en avant, aux
» honneurs, droit, prouffit, esmolument previlièges,
» prérogatives et gages attribués aux dits offices, vac-

» cant par le décèds de M⁰ Amable Tavernier. Sy mandons à tous justiciables de le recognoistre et obeyer en la dite quallité de chastellain, et aux procureurs d'office esdites justices, d'y tenir la main. En foy de ce, nous avons signé les présentes en nostre château d'Espinasse, le deuxiesme septembre mil six cent soixante et seize. Faict contresigner icelles par notre secrétaire et scellées du cachet de nos armes.
» Signé : LA FAYETTE (1). »

En 1717, on voit la seigneurie de Lionne et la prévôté de Reignat en la possession de la maison de Réclesne.

Messire Claude-Eléonore Iᵉʳ, comte de Reclesne, écuyer, comme mari de Jeanne de la Ramas, paroissienne de Vesse, était seigneur de la Guillermie, paroisse de Ferrière, châtellenie royale de Billi. Jeanne de la Ramas était fille de Claude de la Ramas, écuyer, seigneur de la Guillermie et de Bonnaventure, paroisse de Ferrière.

Messire Benoît-Marie, comte de Réclesne, écuyer, était seigneur de Lionne, paroisse de Cognat, et des Granges, paroisse de Saint-Pont.

En 1728, Messire Claude-Eléonore II, comte de Réclesne, chevalier, capitaine de cavalerie, possédait les mêmes seigneuries, et du chef de Marie Tixier de la Rogerette, son épouse, il possédait les seigneuries du Treuil, paroisse de Besson, et la terre de la Vinert, châtellenie de Souviny (2).

(1) Nous devons à l'obligeance de M. Victor Giat, de Gannat, archéologue plein de zèle, la copie ce de document dont il a l'original parmi ses titres de famille. M. Amable Tavernier était un de ses aïeux maternels.

(2) *Archives du royaume*, registre 477, pages 441, 517 et 539; reg. 480, pp. 17 et 19; reg. 478, p. 144; reg. 401, p. 135.

Depuis lors, la terre de Lionne et la terre de Reignat n'ont pas cessé d'appartenir à la maison de Réclesne.

La terre d'Epinasse était, en 1730, possédée par messire Isaac Le Noir, écuyer, secrétaire du roi, seigneur de Naddes, Chauvigny et Lizolle, ressortissant de la châtellenie royale de Chantelle-le-Château. En 1783, un de ses descendants, M. Le Noir de Mirebeau, écuyer, possédait la terre d'Epinasse et était seigneur de Cognat. Les enfants de sa fille, MM. de La Brousse de Veyrazet, ont vendu, en 1844, la terre d'Epinasse à M. le vicomte Hutteau d'Origny, avocat, chevalier de l'ordre royal de la Légion d'honneur et de l'ordre de Saint-Jean-de-Jérusalem, maître des requêtes au conseil d'Etat et maire du cinquième arrondissement de Paris, lors de la révolution de juillet 1830. Il est propriétaire de la magnifique terre de Biozat, qui n'est éloignée que d'une lieue de celle d'Epinasse.

Parmi les noms féodaux du Bourbonnais, on trouve, en 1717, Anne-Henri des Gouttes, chevalier, seigneur de la Selle, qui percevait un droit de minage à Cognat, droit qui lui était dû pour le mesurage des blés vendus dans l'étendue de sa seigneurie. Il était fils d'Antoine des Gouttes, chevalier, capitaine de vaisseau, seigneur de Châtel-Perron (1).

Gannat, le 20 octobre 1846.

(1) *Archives du royaume*, registre 439, page 124; registre 474, page 699.

Clermont-Ferr., impr. de Pérol.

www.ingramcontent.com/pod-product-compliance
Lightning Source LLC
Chambersburg PA
CBHW060859050426
42453CB00011B/2042